AF509759

CADET ROUSSEL

HECTOR,

OU

LA TRAGÉDIE A TROYES,

EN CHAMPAGNE;

IMITATION BURLESQUE D'HECTOR;

Par MM. MERLE et ***.

*Représentée, pour la première fois, à Paris, sur
le Théâtre des Variétés, le 6 Avril 1809.*

PRIX : 1 fr. 25 c.

PARIS,

Chez Barba, Libraire, Palais-Royal, derrière
le Théâtre Français, N°. 51.

1809.

PERSONNAGES.	ACTEURS.
CADET ROUSSEL, acteur tragique,	M.' *Brunet.*
MANON, sa femme, caractère pleureur.	Mad. *Elomire.*
Le père CLOUTIER, Cassandre de la Troupe,	M. *Blondin.*
FANFAN ROUSSEL, jeune premier, ridicule, habit de taffetas bleu, déssous blanc.	M. *Cazot.*
GRIGNARDET, Elève de Cadet-Roussel, caractère franc, habit gris, casquette.	M. *Lefèvre.*
BEUGLANT, auteur et confident.	M. *Liez.*
VANTADOUR, Achille de Gonesse,	M. *Becquet.*
HELÈNE BLANCHET, ingénue de Gonesse.	Mlle. *Métoyer.*

La scène est à Troyes, en Champagne.

Le théâtre représente la chambre de Cadet Roussel. On y voit deux tables et quatre chaises.

CADET ROUSSEL HECTOR.

SCENE PREMIERE.

CADET, MANON.

MANON.

Mon cher Cadet, n'as-tu pas fait dans ta vie assez de farces, veux-tu en faire encore ?

CADET.

Pourquoi pas ! si elles m'ont réussi.

Air : *De la cinquième Edition.*

Au théâtre j'suis un luron.
Voudriez-vous m'apprendre mon rôle ;
Pourriez-vous me donner leçon ,
A moi qui fus *Maître d'Ecole* ;
Quand un rival veut m'écraser,
Mon honneur veut que j'lui réponde ;
J'n'irai pas me laisser raser ,
Moi qui f'sais *la barbe à tout le monde.*

MANON.

Songe donc , mon ami, que parmi ces acteurs de Gonesse , se trouve Blanchet, ton ancien rival , celui qui voulait te donner un si vilain chapeau.

CADET.

C'est bien là ce qui me défrise.

MANON.

Qui sait, s'il ne voudrait pas encore. . . .

CADET.

Ciel, au front de Cadet , vois-tu ce noir présage.

MANON.

Non , mon ami , mais laissons ces gens-là en repos , ne nous mêlons pas de leurs affaires.

CADET.

Pourquoi qu'ils viennent déranger les nôtres? tant que not' troupe a été seule à Troyes en Champagne , nous faisions des recettes conséquentes ; enfin , l'une dans l'autre , de quinze à vingt francs , frais prélevés. Pourquoi qu'ils quittent Gonesse , et qu'ils viennent nous couper les vivres sous le pied ?

MANON.

Tu n'es pas sans l'ignorer. . . et ton frère a eu tort

d'enlever la femme à Blanchet ; c't'homme court après, c'est tout simple.

CADET.

Eh ! ben , v'là encore un fameux canard ! courir après sa femme , est-ce que j'ai couru après toi, quand il t'a enlevée jadis, n'est-ce pas l'hazard seul qui nous a fait rencontrer chez Balivard , à l'Isle d'Amour.

MANON , *piquée*.

Il n'en est que trop vrai.

Air : *Vaudeville de la Revue de l'an six.*

Dans cet endroit votre retour
N'avait pas moyen de me plaire ,
Car vous voir à l'Isle d'Amour
Etait chose ordinaire.
De tous les époux de Paris
Les maximes ressemb't aux vôtres ;
On y voit courir les maris ,
Mais c'est après les fem' des autres.

CADET.

Mon dieu , madame Roussel , assez causé , quand vous parlez, vous avez toujours des mots à dire.

MANON.

Mais enfin.

CADET.

Mais enfin, voilà la position de not état ; depuis que la troupe de Vantadour et de Blanchet joue dans le faubourg, n'y a pus d'public que pour eux ; j'vois baisser la recette , et ma tête se monte.

MANON.

Montons plutôt de bonnes pièces.

CADET.

Que veux-tu monter ?

MANON.

Air : *Traitant l'Amour sans pitié.*

Montons , dans c'besoin urgent ,
Ou Machét ou la Vestale.

CADET.

Toute pièce m'est égale ,
Pourvu qu'ell' fasse de l'argent.

MANON.

Vers sa chût' not' théâtre penche ;
Il faut un' pièce pour dimanche :
La Rose rouge et la Rose blanche.

CADET.

Mais qu'est-ce qu'en paierait les frais ?

(5)

MANON.

Qu'not'interêt nous gouverne:
Jettons-nous dans la Citerne.

CADET

Ah ! ma foi , nous serions frais. (*bis*)

MANON.

Tu n'es content de rien.

CADET.

C'est que tout me déplait ! je deviens **rigoris** , **pessimis** ,
égolis , il faut que çà finisse.

MANON.

En ce cas, contentons-nous de la pièce que nous répé-
tons, elle est peut-être bonne, qui sait ? et puis , tu y joue
le principal rôle.

CADET.

Il est vrai qu'on se flatte de produire quelques effets dans
le rôle d'Hector ; on en pince pour le tragique ; on hecto-
rise un tant soi peu les spectateurs.

SCENE II.

Les Mêmes , BEUGLANT.

MANON.

Qu'est-ce que nous veut Beuglant ?

BEUGLANT.

Je viens vous annoncer une scène nouvelle.

CADET.

Pour ta tragédie de la Princese du Poitou ?

BEUGLANT.

Non , pour la nôtre ; il parait que la troupe de Vantadour
veut faire la paix avec nous : je vous annonce un ambas-
sadeur.

CADET.

Qui donc ?...

BEUGLANT.

Grignardet.

CADET.

Grignardet de l'Estrapade ? mon ancien élève avec mes
ennemis ! sortez madame.

SCENE III.

BEUGLANT, CADET, GRIGNARDET.

GRIGNARDET.

Bonjour Cadet.

CADET, *froidement.*

Bonjour.

GRIGNARDET.

Quiens, c't'air impérieux.

CADET.

Je prends l'air qui me convient.

GRIGNARDET.

Pas d'bêtise, Cadet, tu m'connais, je suis bon enfant ; j'viens t'offrir les moyens d'nous raccommoder les uns au vis-à-vis des autres.

CADET.

Explique-toi vîte.

GRIGNARDET.

Je n'ai que quatre paroles à te dire.

CADET.

Dis-les moi en deux mots.

GRIGRARDET.

Ton frère a enlevé la femme de Blanchet, c'est pour ça qu'il t'en veut à toi et à toute ta famille. Madame Blanchet était la première amoureuse de not' troupe ; ça nous fait un grand vuide : vous allez jouer une pièce nouvelle, que nous allons jouer aussi, *Hector.* Il nous faut une Hélène, elle en joue le rôle ; rendez-la nous, nous vous laisserons jouer la pièce, et nous retournons à Gonesse.

CADET.

Quel ton ! rendez-la nous.

GRIGNARDET.

Ou bien, rendez-nous la.

CADET.

Imbécille ! quitter votre pays, venir ici nous rivaliser, c'était bien la peine de venir faire le diable à quatre, pour briller à Troies.

GRIGNARDET.

Tu égruges la question, je vois où tu en veux venir : tu voudrais jouer la bonne pièce, et garder Hélène Blanchet, tu n'es pas dégoûté. Je ne suis pas venu ici par quatre chemins : veux-tu la paix ! veux-tu la guerre ? songe que nous avons chez nous Vantadour, qui s'est fait une fameuse réputation dans les rôles d'Achille.

CADET.

Mais qu'il paraisse donc ton Achille qu'on ne voit pas. . .

GRIGNARDET.

Il paraîtra !

Sur les pièces du jour lassé de sommeiller,
Aux bravos qu'on te donne, il peut se réveiller.

CADET.

Qu'il se réveille donc !

GRIGNARDET.

Tiens, Cadet, je vois que t'es mal conseillé ! t'as toujours été mené, tantôt par ta femme, tantôt par l'enfan ; ils ne t'ont fait faire que des bêtises ; crois en un ami, rends madame Blanchet, et qu'not rivalité finisse.

CADET.

Tu m'amolis, Grignardet, la voix de l'amitié humanise un cœur féroce, qui s'est cuirassé dans l'habitude du tragique ; j'ai le malheur d'être ostiné, de n'en faire qu'à ma tête. Mais j'apperçois le père Cloutier, je vais le consulter.

GRIGNARDET.

Tiens, le père Cloutier est ici avec vous !

CADET.

Oui, il dit la bonne aventure le matin, le soir il donne les contremarques à la porte du paradis, et joue des bouts de pères nobles au besoin.

SCENE IV.

Les mêmes, CLOUTIER.

CLOUTIER.

Grignardet à Troyes !

GRIGNARDET.

Moi-même, et l'honneur de la vôtre ?

CLOUTIER.

Pas mal.

CADET.

Point de complimens. Cloutier, conseille-nous. Il vient nous proposer la paix, si nous rendons madame Blanchet à son mari.

CLOUTIER.

C'est tout simple, rendons-la.

CADET.

Je n'y tiens pas, je me moque ben de mon frère, j'la rendrais volontiers, si nous n'en avions pas besoin pour le rôle d'Hélène.

CLOUTIER.

On peut bien s'en passer.

BEUGLANT.

Que vous êtes ignares ! se passer d'Hélène dans une tragédie d'Hector, où on voit Pâris !

CADET.

Au fait : et si nous ne l'avions pas ?

CLOUTIER.

Si nous ne l'avions pas à mettre sur la scène,
Je vous dirais encor, il nous faut rendre Hélène.

BEUGLANT.

Mais nous l'avons,

CADET.

Et son nom sur l'affiche, ajoute au bénéfice;
La recette avant tout.

CLOUTIER.

Avant tout la justice.

GRIGNARDET.

Le père Cloutier a des sentimens.

CADET.

Crois-tu que je n'en ai pas aussi ? je n'ose pas : j'aurai
joué pendant dix ans tous les plus beaux rôles, jeunes
premiers et tyrans dans la tragédie et le mélodrame, sans
savoir que grace à la nature, c'est dans le fond de son
cœur que l'homme sensible trouve cette voix intérieure, qui
le guidant au moyen du flambeau lugubre, semblable à l'o-
rage occasionné par les passions naissantes, dans son sein
souvent ulcéré par le cri de la vertu, amène par une longue
suite d'années, une vieillesse prématurée, qui caractérise
dans son ame, les élans tumultueux de l'honneur et du devoir pusillanime!.. vous pouvez emmener madame Blanchet.

GRIGNARDET.

Est-il bien vrai ?

SCENE V.

Les Mêmes, **FANFAN**, *une canne à la main.*

FANFAN, *au fond.*

Qu'est-ce qu'ils font donc là ?

CADET.

Je vous le répète, vous pouvez renmener Mad. Blanchet.

FANFAN.

La renmener! ne te gênes pas, dispose de ce qui n'est pas
à toi.

CADET.

Fanfan !

FANFAN.

Air : *De Félix.*

O ciel ! ô ciel ! est-il possible (*bis.*)
Frère dénaturé (*bis.*) tu désole Fanfan!

CADET.

Eh ! que m'inporte à moi Fanfan,
Quand il faut remplir mon serment.

(9)

F A N F A N.

Air : *De la Fricassée.*

Non , non , tu ne la rendras pas ,
Je me doutais de c'projet qui m'chagrine ;
Non , non , tu ne la rendras pas :
On n'viendra pas l'arracher de mes bras.

G R I G N A R D E T.

En v'là ben d'un autre vraiment,

C A D E T.

Eh ! ben , qu'en dis-tu , Beuglant !

B E U G L A N T.

J'dis que c'est un garnement.

C L O U T I E R.

Pour son aîné , Fanfan,
N'est pas mal insolent.

F A N F A N.

Cà s'peut ; mais je n'la rendrai pas,
Qu'aucun de vous la-dessus n'me taquine,
Madam' Blanchet a trop d'appas ;
On n'viendra pas l'arracher de mes bras.

T O U S   L E S   A U T R E S.

Et quoi ! tu ne la rendras pas !
Je n'croyais pas ton humeur si taquine.
Madam' Blanchet a des appas ;
Cà s'peut bien, mais alle n't'appartient pas.

C A D E T.

Non , elle ne t'appartient pas.

F A N F A N.

Elle m'appartient du moment qu'elle est avec moi, et qu'elle me préfère.

C A D E T.

Mais mon frère , et les mœurs ?

F A N F A N.

Je n'connais rien.

C A D E T.

Vivre illégitimement à la face de toute une ville, et à la barbe d'un mari, avec une femme qui n'est pas la nôtre !

F A N F A N.

C'est mon goût.

C A D E T.

T'es fameusement rébecca , au moins.

F A N F A N.

C'est bon ! ne m'étourdis pas les oreilles, ou morbleu, quoique tu sois mon frère....

C A D E T.

Un petit confident, affronter un tyran.

FANFAN.

Hors du théâtre, plus de subordination.

CADET, *outré.*

Tu me manques! à ton frère aîné! au soutien de ta famille! à moi qui t'ai payé ton éducation, qui t'ai fait ce que tu es... tu es bien mal élevé! Fanfan, tu ne m'as jamais causé que des chagrins. Du tems de la Fontaine des Innocens, quand t'étais mioche, tu ameutais les enfans après moi, plus d'une fois j'en ai rossé pour toi! as-tu jamais donné un coup de peigne pour moi? quand j'ai été professeur de déclamation, j'ai voulu te former dans le tragique, tu ne savais jamais tes rôles; s'il fallait être en scène à droite, tu donnais à gauche; enfin, je n'en finirais pas s'il fallait te rappeler tout ce que tu as fait de mal depuis le café Bontems jusqu'à mon retour de chez le bacha Achmet; faut que ça finisse. Veux-tu rendre madame Blanchet?

FANFAN.

Non.

CADET, *en colère.*

Une fois, deux fois, veux-tu la rendre?

FANFAN.

Non.

CADET, *outré.*

Prends-y garde! tu ne veux pas?

FANFAN.

Non.

CADET, *tranquillement.*

Eh! ben, gardes-là.

GRIGNARDET.

Comment? qu'il la garde! v'la donc l'traité rompu?.. C'est bon, vous jouez ce soir Hector, attendez-vous à tout de notre part : sifflets, cabales, boulettes, nous renouvellerons les scenes du café Bontems.

CADET, *à Cloutier.*

Tu vois à quoi il m'expose.

CLOUTIER.

Surement : à recevoir des calottes.

Air : *Du Printems.*

Fanfan, tu s'ras caus' que ton frère
R'cevra queuq' mauvais coup par là ;
Tu dois l'aimer assez j'espère,
Pour tâcher de lui sauver ça.
Ma foi, se battre pour des dames,
Ça m'semble un grand tort, voyez-vous ;
D'autant qu'il est sûr que nos femmes
Ne s'battront jamais pour nous.

CADET.

Elles aimeraient mieux nous battre nous-mêmes.

FANFAN.

Crois-tu que je ne vois pas ben que c'est M. Cloutier qui te conseille, il devrait me soutenir plutôt. As-tu oublié qu'autrefois Blanchet t'a soulevé Manon ! que c'est lui qui t'a fait misantrope. Eh ! bien, n'ai-je pas agi en bon frère ? si je lui ai enlevé la sienne, c'était pour te venger.

CADET

J'ai pas besoin de toi, je suis assez grand pour me revenger tout seul.

FANFAN

Oui, tu n'y as pas seulement cherché dispute.

CADET *noblement.*

Tais-toi ; le pardon est la vertu iusentielle des belles ames.

FANFAN

Que tu es devenu perruque.

CADET

C'est bon ; je ne veux rien prendre sous mon bonnet. Allons demander à mon père ce qu'il pense, nous lui obéirons. Nous verrons, M. Fanfan, si vous direz aussi que mon père est perruque.

FANFAN

Je dirai ce qu'il me plaira.

CADET

« Comme moi vous ferez ce que voudra mon père. »

FANFAN

Si je veux.

CADET

Tu te crois donc un petit Pàris.

FANFAN

Oui, je suis un Pâris, et si j'ai enlevé Mad. Blanchet, c'est qu'elle est mon Hélène.

CADET

Eh ! ben, tu nous fait jeter un joli coton, avec ton enlè-vement d'Hélène.

GRIGNARDET

Que vas-tu faire, Cadet.

CADET

Puisqu'il m'obstine, comme Hector, dont je sais le rôle, je veux moi-même reconduire madame Blanchet à son mari. Oui, j'y vas de ce pas. Beuglant, empéchez-le de sortir ; toi, Gri-gnardet, reste avec Cloutier jusqu'à mon retour.

SCENE VI.

FANFAN, BEUGLANT.

FANFAN

L'as-tu entendu, Beuglant?

BEUGLANT

Il a crié assez haut.

FANFAN

Et qu'en dis-tu?

BEUGLANT

Que veux-tu que j'en dise?

FANFAN

La laisserons-nous partir?

BEUGLANT

Que veux-tu que j'y fasse?

FANFAN

Tu ne vois donc pas que tu y perds presqu'autant que moi?

BEUGLANT

Comment çà?

FANFAN

Renvoyer une actrice qui tient tout ton répertoire!

BEUGLANT

C'est vrai.

FANFAN

Et qui est-ce qui jouera maintenant la princesse du Poitou?

BEUGLANT

Je ne sais pas.

FANFAN

Sera-ce madame Roussel? Elle commence à être trop mar-
quée pour les jeunes premières?

BEUGLANT

Qu'y faire?

FANFAN

Un coup de tête. Beuglant, es-tu mon ami?

BEUGLANT

Tu le sais bien.

FANFAN

Trouve donc un moyen de me servir, et en reconnaissance
je te fais remonter ta pièce du Cheval de Troyes, dussé-je y
jouer le premier rôle.

BEUGLANT

C'est dit ; madame Blanchet est adorée de tout le monde,
sois tranquille.

Air : *N'en demandez pas davantage.*

Décorateur, acteurs, souffleur,
Vont me suivre et faire tapage ;
Il n'est pas jusqu'à l'allumeur
Qui n'brûl' pour son joli visage.
Du projet que j'tien
Je ne te dis rien ;
N'en demande pas davantage.

FANFAN.

J'n'en demande pas davantage.

SCENE VII.

FANFAN, MANON.

(*Fanfan s'assied et ne voit pas Manon, qui entre.*)

FANFAN

Ah ! mon frère, vous croyez être le maître ! Non, non.

MANON, *à part.*

Est-ce qu'il parle de moi ?

FANFAN

Votre femme vous mène ; c'est tout simple.

MANON, *à part.*

L'animal !

FANFAN

Elle est jalouse de madame Blanchet.

MANON, *à part.*

Qui est-ce qui lui a dit ça ?

FANFAN

On ne me l'enlèvera pas.

MANON, *s'avançant.*

On n'osera pas ; c'est fait.

FANFAN, *se levant.*

C'est fait ! Dieu !

MANON

Oui, Cadet l'enmène.

FANFAN, *ne pouvant se soutenir.*

Beuglant, inspire-moi.

MANON

Chaise, soutiens ses jambes.

SCENE VIII.

Les Mêmes, CLOUTIER.

CLOUTIER

Ah ! mes enfans, vous n' savez pas c' qu'est arrivé !

F A N F A N , M A N O N.

Non.

C L O U T I E R

En v'là une dure! Cadet qui ramène madame Blanchet.

F A N F A N

Quel bonheur!

M A N O N

Quel malheur !

C L O U T I E R

Le voilà!

S C E N E IX.

Les Mêmes, C A D E T, *tenant des pommes cuites dans le pan de son habit.*

F A N F A N.

Tu me la ramène?

C A D E T.

Oui, et ils ne la r'auront pas.

M A N O N.

Comme tu as l'air effaré?

C A D E T.

On le serait à moins.

Air *du vaud. de l'Intrigue sur les Toîts.*

J'allais aux acteurs de Gonesse
Remener madame Blanchet,
Le sentiment et l'allégresse
Brillaient sur le front de Cadet.
Pour parler, voyant qu'as désole,
J'ouvre la bouch', mais v'là qu'd'à-plomb
U'n' pomm' cuit' me coup'la parole :
Comment avaler cet affront !

Voyez, en v'là reste.

F A N F A N

Mais est-il bien sûr que tu me ramène madame Blanchet ?

C A D E T.

Si c'est sur ? . . madame Blanchet , n'est-il pas vrai que vous êtes là ?

Mad. B L A N C H E T , *en dehors*

Oui, mon cher Fanfan, je suis ici, je ne te quitterai plus, comptes sur mon amour, crois que toujours le plus tendre retour. . . .

F A N F A N.

C'est bien la voix qui me va z'au cœur; mais pourquoi n'entre t-elle pas.

CADET.

Elle serait peut-être honteuse de se montrer. . . . mais en v'la assez ; (*à la cantonade.*) Madame Blanchet , allez vous tenir prête pour jouer ce soir votre rôle d'Hélène. Et toi, mon frère , je te l'ai ramenée , qu'il n'en soit plus mention du tout , du tout.

FANFAN.

Je te le promets.   (*Il sort.*)

SCENE X.

MANON, CADET, CLOUTIER.

CADET.

A présent , ne nous occupons que de l'affront que j'ai reçu : je veux m'en venger ; ça ne peut venir que de Gonesse, ils s'en repentiront.

MANON.

Tu vas faire encore queuqu'coup de ta tête.

CADET.

Non , c'est des coups de poing qu'ils recevront ?

MANON.

Tu vas encore te battre ? que t'es taquin ?

CADET.

Que t'es poltrone ! vas-tu encore pleurnicher?

MANON.

C'est pas ma faute , si on m'a fait comme çà. D'ailleurs , pourquoi que tu me fais jouer des rôles pleurnichars aussi ?

CADET.

Ah ! je t'y prends. . . . tu ne sens pas les nuances, tu vas me faire l'Andromaque de ce soir , comme l'autre jour celle de Racine, et pourtant , y a ben de la différence ; tu gesti- cule trop ; ce n'est pas comme ça qu'on prend Racine.

MANON.

On ne sait par quel bout s'y prendre avec toi.

CADET.

A quoi servent donc toutes les leçons que je t'ai données ? v'la la différence des deux Andromaques.

Air : *L'un est le fils du sentiment.*

L'une est au-dessus du malheur ,
Et l'autre est un p'tit peu poltrone ;
L'une brav' les Grecs en fureur ,
Pour un rêve l'autre frissonne ;
A c'que dit l'une on applaudit ,
On gémit d'voir l'autr' perdr' la tête :
Pour fair' parler les gens d'esprit ,
C'est que Racine n'était pas bête.

MANON.

Je jouerai comme je pourrai, pourvu que je sois applaudie, qu'est-ce que ça te fait ?

CADET.

Ça me fait qu'il m'en coute tous les jours trente-cinq sous de billets gratis, et nous sommes ruinés par les costumes. Si j'avais su reprendre la tragédie, je n'aurai pas vendu ma garde-robe.

CLOUTIER.

A propos, qu'est-ce que tu vas mettre ce soir, pour ton rôle d'Hector.

MANON.

Il n'a que son habit de Tancrède.

CADET.

Un habit de chevalier français pour jouer une pièce qu'est dans la Grèce ! et encore que t'as eu la bêtise de l'envoyer ce matin chez le dégraisseur, me v'là propre.

CLOUTIER.

Pour te rachever, tiens, v'là Grignardet.

SCENE XI.

Les Mêmes, GRIGNARDET.

CADET.

Grignardet encore ici ! t'oses te présenter devant moi ?

GRIGNARDET.

Pourquoi pas ?

CADET, *lui montrant les pommes.*

Connais-tu ça ?

GRIGNARDET.

C'est pas malin, c'est des pommes cuites.

CADET.

C'est des pommes cuites ? c'est de la cabale toute crue, et de Gonesse encore.

CRIGNARDET.

De la cabale ! je te jure que je l'ignore.

CADET.

Ils ont rallumé la pomme de discorde que j'allais éteindre. Et toi, pourquoi que t'es resté ici ?

CRIGNARDET.

Je l'avais promis au père Cloutier.

CADET.

Tu m'étonnes.

GRIGNARDET.

Quoi ! je surprends mon maître en faisant mon devoir !

CADET.

Tu parles ben comme un écolier. Eh ! bien ! ils m'y forcent.
Je vas rétablir mon école, faire des élèves, en lâcher par-
tout, vous écraser de mon talent, vous enlever tous les spectateurs. Que Ventadour frémisse !

GRIGNARDET.

Ventadour ne te craint pas.

CADET.

Pourquoi laisse-t-il donc reposer son talent ?

GRIGNARDET.

Ne vous en plaignez pas.

CADET.

Téméraire ! insolent !
Un aussi long repos annonce sa défaite.

GRIGNARDET.

Son repos, son repos augmente la recette.

CADET.

Bah ! c'est des mots tout ça ; s'il jouait comme moi dans
deux pièces tous les jours, le tragique, le burlesque ; faire
pleurer, faire rire ensuite. . . . .

GRIGNARDET.

Je doute qu'au plaisant Vantadour réussisse ;
Ce n'est que parmi vous que l'on trouve un Jocrisse.

CLOUTIER.

Je crois bien.

CRIGNARDET.

Vous gardez donc Hélène Blanchet ;

CADET.

Oui.

GRIGNARDET.

Et vous jouez ce soir Hector ?

CADER.

Oui, butor.

GRIGNARDET.

Eh ! ben ! nous aussi.

CADET.

Oui, qui est-ce qui remplacera Ventadour ?

GRIGNARDET.

Que t'importe ? il suffit. Laisse-moi seulement aller.

CADET.

Va-t'en. Qui t'en empêche ?

GRIGNARDET.

Je pars, mais de chez vous je connais le chemin,
Et vous m'y reverrez des boullettes en main.

SCENE XII.

Les Mêmes, excepté GRIGNARDET.

MANON

As-tu vu les efforts que j'ai faits pour me taire ?

CADET.

Oui , tu n'as pas agi comme une femme ordinaire.

CLOUTIER.

Ah ! ça , Cadet , qu'en dis-tu ?

CADET.

Je dis qu'il y aura de l'ognon ; que je suis fatigué d'entendre parler de ce Vantadour.

MANON.

Tu te mets toujours en avant, quand il s'agit de recevoir des gnoles.

Air : *Ce fut par la faute du sort.*

Oubliant le Café Bontems ,
Et l'Estrapade, et la Courtille ,
D'courir à d'nouveaux accidens
Je vois à r'gret qu'ton cœur pétille.
Ce Vantadour est un casseux,
Connu pour une mauvais' tête ;
Et s'il te casse un bras ou deux ,
Ça t'rendra-t-il la jamb' mieux faite.

CADET.

Non , non , cent fois non ; mais il y a ici de la trahison, de l'illusion , de la dérision et de la mystification.

MANON.

Attends au moins que je sachions quoi qu'il t'arrivera. Le père Cloutier a là ses cartes, il va nous déchiffrer çà.

CLOUTIER, *tirant ses cartes.*

Oui, Cadet. Tu sais que j'tai deviné l'ambre que tu as gagnée ; que je t'ai prédit tout ce qui t'était arrivé avec Blanchet.

CADET.

De vos cartes ici je fais fort peu de cas ;
Le jeu peut être faux , mon devoir ne l'est pas.

MANON.

Cadet, ne sois pas l'homicide de toi-même.

CADET.

Eh ! ben , voyons, prends tes cartes, et sachons de quoi il retourne.

CLOUTIER.

C'est l'affaire d'un rien de tems. Je mêle.

CADET.

C'est assez mêlé comme çà.

CLOUTIER.

Coupe.

CADET.

C'est coupé.

CLOUTIER, *étalant les cartes.*

Tiens, cadet, te v'là.

CADET.

Où donc?

CLOUTIER.

Sur le carreau.

CADET.

Comment?

CLOUTIER.

Oui, là! le valet de carreau, c'est toi.

CADET.

A la bonne heure.

CLOUTIER.

Tiens, v'là le dix de cœur, et puis en v'là l'as.

CADET.

C'est bon, c'est bon, v'là assez de cœur comme çà.

MANON.

Mais quel est celui qui doit succomber dans la bataille?

CLOUTIER.

L'as de pique dit que le parti qui est cause de la trahison,
la gobera.

CADET.

L'as de piqu' dit çà! bon! j'suis tranquille comm' Baptiss',
Voilà tout c'que j'voulais qu'tu prédisisse.

SCENE XIII.

Les Mêmes, **FANFAN,** *arrivant tout effaré.*

FANFAN.

Air : *Le port Mahon.*

J'arriv' tout hors d'haleine;
J'ai z'en courant traversé la plaine.

TOUS.

Qui te met donc en peine?

FANFAN.

Ah! quel affreux secret!

TOUS.

Qu'est-c' que c'est! (*ter.*)

FANFAN.

On dit que je n'fais rien ,
Que je suis un vaurien ;
Pour montrer ma vaillance,
Ce que j'ai fait mérit' récompense ;
Avec c'bâton j'm'avance :
J'vois de loin Grignardet...

TOUS.

Qu'est-c' qu'ta fait! (*ter.*)

FANFAN.

J'ai fait z'un fameux trait,
Qui n's'ra pas sans effet.
Pour voir si l'on nous triche,
D'l'ennemi d'abord j'lis l'affiche ;
J'vois qu'Vantadour s'y fiche...
En fureur çà me met.

TOUS.

Qu'est-c' qu'ça fait ! (*ter.*)|

FANFAN.

Dans la sal' j'entr' sans bruit ;
Y f'sait clair comm'la nuit ;
Mais dans l'lointain s'présente
Un' petit' flamme et pale , et brillante ,
Çà m'donn' de l'épouvante.

CADET.

Imbécille , c'était
Un quinquet. (*ter.*)

FANFAN.

Ça s'pourrait ben , je n'y ai point pensé , çà m'a fait peur ,
et je m'en ai revenu tout courant.

CADET.

Te v'la ben avec tes embarras, tu n'as pas plus de carac-
tère. . . . je n'sais pas comment qu't'es fabriqué ; c'est moi
qui vas réparer ta gaucherie.

Air : *Prenons d'abord l'air bien méchant.*

Morbleu ! le jour comme la nuit ,
L'ennemi verra comm' je cogne ;
Sans fair' comm' toi beaucoup de bruit ,
Je vais faire plus de besogne.

Air : *Cadet Roussel.*

Dans la paix je suis bon enfant , (*bis*)
Mais s'il s'agit d'une bataille,
L'ennemi verra si je taille.
Ah ! ah ! mais vraiment,
Cadet reviendra triomphant.

(*Il sort.*)

SCENE XIV.

CLOUTIER, MANON, FANFAN.

MANON.

Tu vois de quoi tu es cause ! queu dégat tu fais dans la maison paternelle de ton frère.

FANFAN.

Vous n'avez que des sottises à me dire.

CLOUTIER.

C'est que tu ne fais que de çà.

FANFAN.

Mettez-vous tous après moi.

MANON.

Ne faut-il pas que je rie, quand mon mari va peut-être se faire pocher un œil.

FANFAN.

Et pardi, pleurez si vous voulez, que je ne vous gêne pas.

MANON.

A la bonne heure. (*Elle se fouille.*) Cloutier, prêtez-moi donc un mouchoir.

Air : *D'Annette et Lubin.*

Mes amis, voyez mes larmes,
Et partagez mes alarmes ;
Mes amis, voyez mes larmes ,
Je pleure un mari
Chéri.

Air : *J'ai du bon tabac.*

J'me chagrine à tort ; que faut-il que j'craigne ?
Cadet a du cœur,
Il r'viendra vainqueur ;
Oui, le malin le plus hupé,
Avec lui doit être attrapé.
Cadet est foncé dans le coup de peigne,
Si quelqu'un le tape, il s'ra retapé.

TOUS.

Cadet est foncé, etc.

SCENE XV.

Les Mêmes, CADET, *en habit grec.*

CADET.

Air : *La victoire est à nous.*

La victoir', quel transport !
V'là d's'habits pour Hector,

Admirez mon audace ;
J'ai repris ma cuirasse,
Et Vantadour est mort.

TOUS.

La victoire, etc.

MANON.

Ah ! cher époux ! quel plaisir de te revoir, j'étais assez inquiète ; mais tu n'as pas été long-tems ?

CADET.

Le tems de passer mon habit.

MANON.

Comment as-tu fait ?

CADET.

Comment j'ai fait ? en voici le récit.

CLOUTIER.

Encore un récit ! quelle scie !

CADET.

Puisque vous n'avez pas vu ce qui s'est passé , n'est-ce pas le seul moyen de vous l'apprendre ?

MANON.

Raconte donc.

CADET.

Je marchais suivi de toute ma troupe, excepté de ceux qui n'étaient pas venus avec moi. J'arrive sans rencontre fâcheuse au théâtre du faubourg, dans la plaine où est établie la troupe de Gonesse. Je réfléchis sur la situation des deux troupes ; je vois dans la plaine l'une, et l'autre dans son quartier ; je me dis, le danger va en croissant. Les comédiens de Gonesse s'habillaient pour jouer ; je vois passer le costumier avec l'habit d'Achille, que Vantadour m'avait acheté à la place aux Veaux , et qu'il ne pas encore payé. Cette vue ranime ma colère ; j'entre dans la loge avec le costumier, la chandelle n'était pas allumée, Vantadour saisit le costume d'une main , je le prends de l'autre ; il m'allonge une tape , je lui en rends dix, je le térasse, et je file avec mon habit : le voilà sur moi , je jouerai Hector ce soir avec, et tout le monde verra à Troies ,

L'habit de Vantadour sur le dos de Cadet.

MANON.

Vantadour rossé par toi !

Ah ! je ne crains plus rien , fut-il fort comme Achille ,
Puisque tu l'as rossé , voilà mon cœur tranquille.

CADET.

Tu l'craignais ? t'es bén godiche ! Fais comme le poëte, et ne crains que les dieux.

(23)

CLOUTIER.

Ah ! c'n'est pas neuf çà ; je disais encore hier dans un de
mes rôles :

« Je crains Dieu, chez Abner, et n'ai point d'autre crainte. »

FANFAN.

Et moi, dans un des m'ens ;

Et j'ai toujours été nourri par feu mon père,
Dans la crainte de Dieu, monsieur, et des sergens.

CADET.

On ne vous demande pas ça, s'il fallait toujours dire du
neuf, on ne ferait pas de nouveautés. Ah ! çà, allez vous
mettre sur vos costumes ; l'heure avance et l'public va venir.
Cloutier, fais mettre sur l'affiche, que la pièce sera jouée
avec les costumes analogues.

CLOUTIER.

Crois-tu qu'ça fasse bien ?

CADET.

Sûrement.

Air : *Vaudeville de Catinat.*

Le talent du décorateur,
Et celui du f'seur de costume,
Peuvent bien souvent à l'auteur
Tenir lieu de celui d'la plume.
Combien de poëtes ont brillé
Par ce moyen fort en usage ;
Quand l'acteur est mal habillé,
Le public habill' mal l'ouvrage.

VANTADOUR, *en dehors.*

(*On entend un son de cor prolongé, après lequel Vantadour
appelle.*)

Cadet !

CADET, *effrayé.*

Ah ! mon dieu !.. qu'est-ce que j'entends-là ? v'là un
drôle de cor.

VANTADOUR, *de même.*

Cadet Roussel !

CADET.

Dieu m'pardonne, c'est la voix de Vantadour ! comment !
il ose revenir !

FANFAN.

Je tremble de peur.

MANON.

Que nous veut-il ?

CADET.

Je vas le lui demander.

MANON, *effrayée.*

Tu vas descendre... et s'il te fait du mal ?

CADET.

N'aies pas peur, je vas lui parler par la fenêtre. (*Il ouvre la fenêtre*)

VANTADOUR, *appellant.*

Cadet Roussel !

CADET.

Eh ! bien, qu'est-ce que tu veux ? ton costume, tu ne l'auras pas ; il est à moi, tu ne l'as pas payé.

VANTADOUR.

Tu as reçu des arrhes.

CADET.

N'as-tu pas été rossé? et en veux-tu encore !

VANTADOUR.

Ce n'est pas moi qui ai été rossé.

CADET.

Et qui donc?

VANTADOUR.

Grignardet, que tu as rencontré dans l'obscurité, et qui allait mettre mon costume.

MANON.

Ce n'est pas lui que tu as rossé! ah ! dieu ! les cartes ! la bonne aventure ! je me meurs.

CADET.

A l'autre ! ne me faites donc pas des peurs comme çà.
Et devant moi du moins cachez vôtre frayeur.

VANTADOUR.

Viens-tu donc?

CADET.

Dis ce que tu veux.

VANTADOUR.

Un jobart.

CADET.

Tu m'verras.   (*Il ferme la fenêtre.*)

MANON.

Comment ! tu iras?

CADET.

Sûrement.

FANFAN.

Puisque ce n'est pas lui qui est offensé ; qu'est-ce qu'il a à dire ! il n'y perd rien.

CADET.

Il perd plus de six francs en perdant son habit.

CLOUTIER.

D'ailleurs, il n'a rien à craindre, est-ce que les cartes

n'ont pas dit que le chef du parti qui a jetté la pomme
cuite, la gobera?

C A D E T.

Cest çà : je pars comme si j'étais déjà vainqueur. . . Mais,
que nous veut Beuglant? comme il a l'air triste! il a la figure
toute farce.

S C E N E X V I.
Les Mêmes, B E U G L A N T.

B E U G L A N T.

Air : *Du Confiteor.*

Cher Cadet, je viens m'accuser
D'un' noirceur dont j'prévois les suites;
Il n'est plus tems de t'abuser,
C'est moi qui t'a j'té les pomm' cuites.

T O U S.

Ciel !

B E U G L A N T.
Oui, j'en frémis, t'auras le sort,
Le sort d'Hector;
Et sur l'air du confiteor.....

C A D E T.
T'en viens faire ton mea culpa.

C'était toi ! tu es donc traitre aux tiens?

B E U G L A N T.

Que veux-tu? c'était pour obliger Fanfan, Hélène Blanchet, mon répertoire, la Princesse du Poitou, le Cheval
de Troies.

C A D E T.

Cheval toi-même, me voilà entre deux selles, sans savoir
sur quel pied danser.

B E U G L A N T.

Tu vois au moins que je me repens.

C A D E T.

Il est bien tems !

M A N O N.

Iras-tu te battre?

C A D E T.

Si je pouvais trouver un prétexte. . .

C L O U T I E R.

Oui, mais. . .

Quand il a bien voulu qu'on fermât la barrière,
Un homme ne peut plus sortir de la carrière.

C A D E T.

A moins qu'il ne saute par-dessus les murs.

4

VANTADOUR , *en dehors.*

Viendras-tu donc ? je suis las d'escroquer le marmot.

CADET.

Qu'est-ce qu'il marmotte donc là ? on y va. Laisse-moi au moins le tems de faire mes adieux. Si je ne les faisais pas à ma femme , je serais joli garçon. . . (*à son frère.*) Et toi, qu'est-ce que tu fais là ? tu as causé tout le mal, et tu ne me donnerais pas seulement un conseil ; je ne pourrai pas jouer ce soir, je m'échauffe , je me démène , je m'enrhume.

FANFAN.

C'est qu'il fallait te régler. . . .

CADET.

Que voulais-tu que je réglisse ? . . mes amis, faites moi tous un plaisir, c'est de vous en aller, et de me laisser seul avec ma Manon. (*Ils sortent, excepté Roussel et Manon.*)

SCENE XVII.

CADET, MANON.

CADET.

Madame Roussel, faites vos adieux à un mari que vous ne reverrez peut-être plus.

MANON.

Comment ! est-ce que tu vas y aller ?

CADET.

Puisque je ne puis pas faire autrement. . . . C'est drôle, j'ai été brave toute la journée, si çà avait pu durer seulement une demi-heure de plus.

MANON.

Si tu allais te battre avec tout autre , à la bonne heure. . . mais avec un homme qui joue les Achille , et qui ne tourne pas les talons.

CADET.

N'y a pas moyen de le prendre en traître.

MANON.

Air : *Avec vous sous le même toît.*

Sous le même toit, avec toi
J'ai passé dix ans de ma vie ;
De combien de regrets pour moi
Ton absence sera suivie.
Je trouve un soulag'ment bien doux
Dans l'chagrin auquel je me livre ;
Pour moi la vie est mon époux. . . .

CADET.

Je crois ben, c'est lui qui t'fait vivre.

(27)

M A N O N.

Air : *Des Dettes.*

Si par c't'autre t'es enterré,
Seule sur terr' je resterai ;
    C'est ce qui me désole. (*bis*)

C A D E T.

Mais nos veuves, dans leurs malheurs,
Trouv'nt toujours des consolateurs ;
    C'est ce qui me console. (*bis*)

M A N O N

Mais mon ami , c'est que si tu viens à mourir, que va-
t-on dire de moi ?

C A D E T.

Eh ! bien , que veux-tu qu'on en dise !

M A N O N.

Chacun dira en me montrant au doigt , c'est elle... la
voilà... c'est la veuve de Cadet Roussel.

C A D E T.

Diable ! c'est vrai ! j'aimerais tout autant qu'on ne disit
pas çà.

M A N O N.

Si je ne suffis pas pour t'attendrir, pense à ton fils , à cet
enfant dont l'éducation n'est pas achevée, qui ne sait pas
encore écrire.

C A D E T.

C'est pour ça que je veux lui laisser un exemple.

M A N O N.

Jolie succession ; mais , puisque tu y vas, fais-toi au moins
accompagner par quelqu'un.

C A D E T.

Non, j'y dois aller seul , c'est la règle de Troies.

Air : *Adieu donc dame Françoise.*

Adieu donc, ma chère femme,
Puisque je quitte ces lieux,
Dis-moi du moins dans quel drame
Veux-tu que j' prenn' mes adieux :
Est-ce ceux de R'naud! aim' tu mieux
        Que j'choisisse
        Ceux de Bérénice !

M A N O N.

Non : fais que j'entende encor
Les beaux adieux d'Hector.

C A D E T.

Adieu donc , ma chère amie ;
        J' n'ai pas l'tems
        D'veir mes parens ;
Mais au moins si j' perds la vie,
Fais-leur bien mes complimens.
        (*il sort.*)

SCENE XVIII.

MANON, *seule.*

Il part... et moi... seule... ce théâtre... sans lui... douleur.... crainte.... espoir... abattement... vengeance.. Dieux...

SCENE XIX.

MANON, FANFAN, BEUGLANT.

FANFAN.

Est-ce fini !

MANON.

Ah ! vous vous voilà ! vous êtes de jolis cadets vous autres, c'est vous qui me mettez dans la passe où est-ce que je suis.

BEUGLANT

Dam ! que voulez-vous ?

MANON.

Tais-toi , Beuglant.

FANFAN.

Ecoutez, ma belle belle-sœur , si je pouvais, ...

MANON

Taisez-vous, Fanfan, pour un batoniss', vous êtes bien canne !

BEUGLANT

Voulez-vous que nous allions le secourir ?

MANON

Vous êtes bien Colas de l'avoir laissé aller tout seul.

FANFAN.

M. Cloutier l'a suivi.

MANON.

Oui , de loin, je connais mon père comme si je l'avais fait.

BEUGLANT

Eh ! ben , allons-y tous.

FANFAN.

Oui , tous.

MANON.

C'est dit , partons.

TOUS.

Partons.

MANON.

Dieu ! mon père ?

SCENE XX.

Les Mêmes, CLOUTIER.

TOUS, *à demi-voix.*

Eh ! bien ?

CLOUTIER

A peine nous sortions des portes de la maison, nous n'é-
tions pas encore en plaine , que Vantadour s'élance sur
Cadet ; il s'alligne , Vantadour l'empogne , lui enlève le costume , et tire deux ficelles de sa poche; un croc en jambe
renverse Cadet ; il tombe.

Nos recettes descendent avec lui dans la tombe.

TOUS.

Il est mort !

CLOUTIER

Non , mais il n'en vaut guère mieux.

TOUS.

Explique-toi.

CLOUTIER

La diligence de Paris allait partir, Vantadour saisit Cadet ,
le pose sur le panier, le garotte derrière la voiture; v'là Cadet
galoppant sur la route de Paris , et je le perds de vue , enve-
loppé dans un nuage de poussière.

MANON.

Il faut courir après.

CLOUTIER.

Il y a six chevaux à la voiture.

MANON.

Nous voilà quatre , ne perdons pas un instant.

CLOUTIER.

Vous perdez votre tems.

FANFAN.

Nous ne perdrons pas la recette , je jouerai ce soir son rôle,
Et très-passablement , chacun doit s'y attendre.

CLOUTIER.

Vous pourrez le doubler, qui pourra nous le rendre !

(*On baisse la toile.*)

SCENE XXI.

CADET , *tout échigné, sortant du trou du souffleur , et s'a-
dressant au maître de musique.*

Dites-donc, M. Bécarre ? ils me croyent sur le chemin de
Paris.

LE MUSICIEN.

Comment ! vous voilà ?

CADET.

Oui, vraiment. J'étais serré diablement derrière c'te diligence ; je disais, je suis bien mal ici ! v'là qu'en arrivant à la
barrière, je vois venir à moi le commis des droits réunis,
tenant à la main une sonde de longueur : je dis, pas de pa-
quets : je crie comme un beau diable ; le commis met ses
lunettes et me dit : comment ! M. Roussel, vous êtes là en
singe ? il est bon là le lapin ! je lui dis, vous m'insultez ; je
me fâche, il me détache, je le lâche ; quoiqu'çà, j'lui dis,
vous êtes une bonne ganache.

Air : *Du parlement.*

J'vous rencontrer, il m'fut ben doux,
Vous m'épargnez d'fameus' z'histoires,
Car j'allais débaler sans vous,
Iva' d'Notre-Dame des Victoires.
J'lui promets un billet gratis,
Et je lui dis en confidence,
Joignez à vos Droits-Réunis
Des droits de . la reconnaissance.

Je vas frapper chez moi, et bien surprendre mon monde.
(*Il frappe.*) Dites donc, vous autres, êtes-vous encore là ?
(*On lève la toile, ils sont à table.*)

TOUS.

C'est lui, c'est vous, c'est toi.

CADET, *à Manon.*

Qu'est-ce que tu fais donc là ?

MANON.

Tu vois.

CADET.

Ah ! tu te refais, c'est bien fait, je vous conterai mes
voyages.

MANON.

Tu nous es rendu, c'est le principal.

CADET.

Oui, je suis rendu.

VAUDEVILLE.

FANFAN

Air : *Du vaudeville de Vadé.*

Un voleur peut rendr' c'qu'il nous prit ;
Un' maitress' peut nous rendr' not' flamme,
Aux fous on peut rendre l'esprit,
Un rival peut nous rendr' not' femme ;

Mais rendre ce qu'on n'a pas,
Est chose à qui l'on ne peut s'attendre.
Bien des gens à l'heur' du trépas,
Ont, par ce moyen, moins d'embarras,
Car ils n'ont point d'esprit à rendre.

BEUGLANT.

Plus d'un Beuglant fait maint effort
Pour prouver d'une façon claire,
Que toute la France a grand tort
D'accorder d' l'esprit à Voitaire.
En vain on voudrait l'attaquer,
Le bon gout saura le défendre ;
Et chacun pourra remarquer
Que l'on peut bien le critiquer,
Mais qu'on ne peut pas nous le rendre.

MANON, *au Public.*

A son ouvrag' l'auteur sourit,
Avec confiance il le traite ;
En travaillant, il s'applaudit ;
Il s'applaudit quand on l' répète.
Mais dès qu' sur l'affiche il le voit,
C'est-là qu' la peur commence à l' prendre ;
Puis devant vous sa peur s'accroit :
L' courage lui manque, il s'apperçoit
Qu' vos bravos seuls peuv'nt le lui rendre.

FIN.

De l'Imprimerie de HOCQUET ET COMP., rue du Faubourg
Montmartre, n°. 4, au coin du Boulevard.